Meus eus diversos

Editora Appris Ltda.
1.ª Edição - Copyright© 2023 do autor
Direitos de Edição Reservados à Editora Appris Ltda.

Nenhuma parte desta obra poderá ser utilizada indevidamente, sem estar de acordo com a Lei nº 9.610/98. Se incorreções forem encontradas, serão de exclusiva responsabilidade de seus organizadores. Foi realizado o Depósito Legal na Fundação Biblioteca Nacional, de acordo com as Leis nᵒˢ 10.994, de 14/12/2004, e 12.192, de 14/01/2010.

Catalogação na Fonte
Elaborado por: Josefina A. S. Guedes
Bibliotecária CRB 9/870

B732m 2023	Borges, Marcello Meus eus diversos / Marcello Borges. 1. ed. – Curitiba : Appris, 2023. 130 p. 21 cm. ISBN 978-65-250-4458-3 1. Poesia brasileira. 2. Mensagens. 3. Vida. I. Título. CDD – B869.1

Appris editora

Editora e Livraria Appris Ltda.
Av. Manoel Ribas, 2265 – Mercês
Curitiba/PR – CEP: 80810-002
Tel. (41) 3156 - 4731
www.editoraappris.com.br

Printed in Brazil
Impresso no Brasil

MARCELLO BORGES

Meus eus diversos

FICHA TÉCNICA

EDITORIAL	Augusto V. de A. Coelho
	Sara C. de Andrade Coelho
COMITÊ EDITORIAL	Marli Caetano
	Andréa Barbosa Gouveia - UFPR
	Edmeire C. Pereira - UFPR
	Iraneide da Silva - UFC
	Jacques de Lima Ferreira - UP
SUPERVISOR DA PRODUÇÃO	Renata Cristina Lopes Miccelli
PRODUÇÃO EDITORIAL	Nicolas da Silva Alves
REVISÃO	Simone Ceré
	Daniela Aparecida Mandú Neves
DIAGRAMAÇÃO	Bruno Ferreira Nascimento
CAPA	Sheila Alves
ILUSTRAÇÃO DA CAPA	Evellyn Lima

Dedico este livro às mulheres da minha vida:
Inara Costa e Marina Costa Borges. Minha família.

Agradecimentos

Agradeço mais uma vez a Deus pela vida e por ser poeta. Em segundo lugar, agradeço à minha filha, que me trouxe tantas inspirações para viver e escrever. Ela é meu maior presente ao lado da minha amada Inara Costa.

Também agradeço aos meus pais, por tanto empenho a esse humilde poeta que veio da simplicidade e da pobreza para o mundo da poesia. A eles devo a minha vida. Que Deus os abençoe!

Agradeço à minha terra, Santa Luzia, que me reconhece como poeta luziense, o que me deixa orgulhoso. Também agradeço à Evellyn Lima (*Sidneyillustraw*), a grande ilustradora desta obra. Sua arte tornou este trabalho ainda mais bonito. E, é claro, agradeço aos meus professores, que me ensinaram tanto ao longo de todo meu estudo básico, em escolas/faculdades públicas, e hoje posso compartilhar este resultado tão lindo com cada um deles.

Sou infinitamente grato a todos. Obrigado!

[...] Não me busque sempre no mesmo lugar,
Não me espere sempre na mesma parada...
Não perca esse tempo:
Pode ser que eu já tenha necessitado
Ser outra coisa em outro momento.
Eu sou diverso.

(Marcello Borges)

Prefácio

Travessia de mururé

No exato momento em que redijo este prefácio, estou em trânsito por um dos muitos rios amazônicos, a bordo de um navio brevense. Abancado no assoalho da proa, agasalhado, mas com frio e com espasmos em todo o meu pensamento estimulados pela poesia de Marcello Borges, autor de *Meus eus diversos*.

Não poderia estar em local mais apropriado: um navio durante uma travessia do Marajó a Belém. Toda poesia não é um ato de atravessar? Tenho essa perspectiva sobre o fazer poético. Todo poeta abre a porta, indica a ponte, aponta o istmo. Toda poesia é um ponto de partida em direção a algo, alguém, algures, sem certeza de que a viagem será de calmaria – às vezes, é uma travessia açoitada por uma maré cheia, sob fortes chuvas.

O leitor de *Meus eus diversos* será atravessado pela poética de Borges, para em seguida ser empurrado para uma travessia de si, da matéria, da frugalidade da vida, do lugar de igapós, de estruturas rígidas, ao encontro de um estado de fluição pelo rio, feito fosse mururé.

> mururé rio acima;
>
> mururé rio abaixo.
>
> mururemos.

Borges é jovem em idade, mas demonstra um considerável domínio da arte poética. Sobretudo, de seu papel de cicerone. Por intermédio de suas rimas bem construídas, dos temas contemporâneos e importantes, de sua pegada drummondiana, senti-me instigado a realizar diversas travessias; nalgum ponto, me achei ou me perdi, não sei ao certo.

Certo mesmo é que se trata de um jovem escritor com muito talento, que, livro a livro, passo a passo, vai explorando o campo vasto da produção poética, a alquimização das palavras, as possibilidades dos temas que o acompanham.

Este *Meus eus diversos* é um ótimo exemplo do potencial de Borges. Em cada poema, você encontrará o autor se desnudando diante dos nossos olhos. Veja isso nos seguintes versos:

> *Não desista, se no percurso*
> *Você se prantear.*
> *Reflita! Todo choro derramado*
> *Promete um aprendizado*
> *Que nos faz melhorar.*
> *Melhore-se!*
> *Não se desespere diante da vida.*
> *Pare de reclamar.*
> *Agradeça! Porque é sempre você*
> *Que deve fazer*
> *A vida se reformular.*

Ao virar a próxima página e enveredar pelos poemas de Borges, você terá contato com a seiva poética de um artesão que brinca com as palavras. E nessa "brincadeira", não demorará para você se perceber em uma travessia muito particular; não necessariamente será como a minha e para os lugares e alguéns que fui. A poesia é uma travessia que opera conforme as leituras mais íntimas de cada um. Ande! Atravesse... Digo, vire a página depressa! Permita-se ser conquistado pela lírica desse jovem poeta de Santa Luzia do Pará, instigante, como esse navio que me leva à Cidade das Mangueiras, que (entre)corta os rios da literatura paraense.

Franciorlis ViannZa

Professor, mestrando em Estudos Antrópicos da Amazônia, escritor premiado em âmbito nacional, presidente da Federação das Academias de Letras do Pará, ativista cultural.

Apresentação

O conteúdo deste livro é apenas uma tentativa de mostrar que a mesma vida, única e findável que temos, pode ter inúmeras maneiras de ser interpretada e, muitas vezes, chegar até a ser infinita, conforme nossos *Eus*. Nossos sentimentos e emoções mais profundas enveredam-se por essa complexidade de possibilidades que existe no nosso coração. Não tem a ver, acredito, com a fragilidade, e sim com a própria necessidade incontrolável de ser e de viver naturezas distintas, o que nos joga para um contínuo movimento que parece desordenado, mas que é, na verdade, nosso ser se diversificando a cada fase, a cada experiência, a cada instante e a cada poema.

Assim, você, leitor(a), precisa, de antemão, entender que a leitura deste livro pode ser confusa, haja vista que, nele, o mesmo amor que nos cura é o que nos fere; a mesma vida em que somos felizes é a mesma em que, muitas vezes, nos tornamos seres tristes e desorientados. A *necessidade* de que fala o poeta nesta obra vai desde aquela que busca a presença do outro para saciar-se até aquela que possuímos que, por nossa natureza humana, é insaciável. Aqui, você viajará por vários momentos de um único ser que é diverso: o destino variável, as perdas, os desencontros, as dores, a frustração, o cansaço, o tempo, a percepção do presente e do passado, a liberdade, a alegria, a saudade, o desejo, a impossibilidade e a conexão com o mundo e com as pessoas.

Não tenha medo! Não se sinta triste! Nossos eus são diversos e estão sempre em movimento. Isso é necessário!

Sumário

Meus eus diversos	17	Entrelinhas	47
O navegante	18	O passeio na lua	48
Um espaço em mim	19	A dor de cada um	49
A felicidade	20	Vidas	50
Economia desnecessária	21	Disfarce	51
Última necessidade	22	Cúmplices	52
Desperdícios	23	Voa, pensamento!	53
Viver com intensidade	24	O desarme	54
A tua chegada	26	O óbvio é para poucos	55
Exatidão	27	O mestre	56
Outra forma de amar	29	Falso amor	57
A culpa	30	Um sono profundo	58
O talvez é menos doído	31	Almas inseparáveis	60
Conexão	32	Nunca pare	61
Beba-me	34	Fatalidade	63
Tenha cuidado: eu amo	35	Excessos de ausências	64
Coração de menino	36	Desligue a câmera	65
Coração em off	37	Insuportável silêncio	66
Cópias	39	Se tu soubesses	67
Eu não te quero para mim	40	Necessidades	68
Um ser errado	41	Coração cansado	69
A vida não tem fórmula	42	Coração desordenado	71
Pedra bruta	43	Verdadeiro amor	72
A moça na janela	44	Voe para a felicidade	73
Náufrago	45	Amar e amar sempre	74
Um repouso tranquilo	46	A doce menina	75

Trocas absurdas 77

Soneto da entrega 78

Na estação da vida 79

Deslocamento 80

Encenação 81

Sobretudo nada 83

A procura 84

Meu cantar à vida 85

Noite tranquila 86

Dias obscuros 87

Dimensão 88

Últimas palavras 89

A correria da vida 90

Quando chegas............. 91

Porque te conheci 92

Âncora no tempo........... 94

Olhe lá fora... 95

Tarde demais............... 96

Amar antes de ir 97

Os olhos do coração 98

Alinear..................... 99

Esconderijo 100

Meu tudo 101

Ligar e desligar 102

As cores da vida 104

Mudança de curso.......... 106

Soneto do amor real 107

Olhe para frente........... 108

Dos vários amores 109

Fraude 110

Ser infinito 111

Infinitos lugares 112

O verbo chorar............ 113

Eterno em ti............... 114

Não há vida noutro lugar ... 116

Mortes 118

Soneto do sonho eterno..... 119

O próprio veneno 120

Roubo malfeito 121

Alguém para meu fim....... 122

Eterno querer 123

Hospedeiro mortal......... 124

Sobras 125

Uma solução 126

Resgate 127

A visita 128

Meus eus diversos

Se você quiser me encontrar de verdade,
não olhe sempre pela mesma janela.
Às vezes, eu estou na praia,
Outras vezes sou ela;
Às vezes, eu sou como um pássaro livre
Voando lá no céu,
Outras vezes, sou como um dia fechado
Que, como um choro, faz-se chuva.
Às vezes, eu amo a vida,
Outras vezes eu a odeio e não entendo nada.
Não me busque sempre no mesmo lugar,
Não me espere sempre na mesma parada...
Não perca esse tempo:
Pode ser que eu já tenha necessitado
Ser outra coisa em outro momento.
Eu sou diverso.

O navegante

Navego a carregar muitas coisas
Aqui no meu coração:
Sorrisos,
Abraços,
Apertos de mãos;
Olhares,
Gestos,
Inspiração.

Às vezes, pesam-me os desagrados,
As desolações,
As tempestades,
As desilusões.
Mas é leve o bem que levo
Como recordação.

Eu sou um eterno viajante,
Navegante sem estação.
A liberdade e o amor
São minha tripulação.

Um espaço em mim

Que eu não m'engane com totalidades,
Com chegadas absolutas,
Nem me iluda com a matéria
De riquezas absurdas.

Desconfio do tudo — o que há lá?
Talvez a solidão da desnecessidade,
O tédio afligente do desprocurar
E a descompanhia da felicidade.

Que eu nunca chegue totalmente
Solitário às vitórias da vida.
Quero, no caminho, espaço para amores,
Para amizades e para alegrias.

Que me sobre espaço para necessidades:
— De desejos fúteis, de projetos inusitados,
De ter o que não posso alcançar
E de sonhar o que não foi sonhado.

Controla-te, minh'alma afobada!
Buscar o tudo é uma mentira
Que, às vezes, só nos tira
O resto do nosso nada.

A felicidade

Ligeira é a felicidade que passa
Como um alazão feroz.
Sinto seu vento,
Seu vulto veloz.

Atrás, sigo correndo cansado,
Ouvindo seu galope ecoar.
E eternamente corro tão perto
Sem poder lhe alcançar.

Sigo a felicidade sem descansar.
Mas ela é livre no mundo.
Ser feliz é correr e correr sempre perto,
Estando atrás poucos segundos.

Economia desnecessária

Para que guardar tempo, me diz?
Não te poupes do presente.
Viva! Siga em frente
Sem medo de ser feliz.

Ama, olha os pássaros, colhe as flores
Que estão pelo caminho.
Supera o medo e não fica sozinho.
Descubra os seus amores.

Não economiza felicidade!
E, quando chegar a hora de partires,
Deixa algo de bom aqui
Para que outros te tenham saudade.

Última necessidade

É de grande urgência que, pelo menos nos beirais,
Fiques, da minha pobre fatalidade.
É gritante que percebas a necessidade
De que te encostes, no mínimo,
Às proximidades das horas minhas finais.

Se não por amor;
Se não por paixão;
Se não por prazer;
Quem sabe, por aflição.

Sinto-me um ser fútil!
Fica, portanto, perto de mim
Para que o meu fim
Não seja também inútil.

Desperdícios

Há tantos sonhos não sonhados,
Tantas verdades não proferidas,
Perdidas na fraude da timidez,
Derramadas nos cantos da vida.

Há tantos encontros desencontrados;
Há, no tempo, tantos beijos vencidos;
E há no cerne de muitos corações
Excessos de amores esquecidos.

Há tanto acúmulo de felicidades
Trocadas pelo gozo da matéria
Que, diante do que se perdeu,
Essa vida é uma triste miséria.

Viver com intensidade

E se não der tempo de olhar nos olhos,
De abraçar e sorrir de volta?
E se, quem sabe, não houver chance
De dizer, ao menos vertiginosamente, te amo?
Se não houver, talvez, possibilidade
De tocar magistralmente a última canção,
De escrever a última carta,
De realizar a última excursão?
E se não der tempo de pedir perdão,
De devolver o favor,
De cumprir a promessa,
De assistir ao último jogo?
E se não for possível cantar os parabéns,
Dividir a última fatia do bolo,
Relembrar a última memória
Ou dizer tão festo: bom dia?
E se não der tempo de agradecer,
De aplaudir a última apresentação,
De experimentar a emoção
De ser perdoado?
E se não der tempo de dizer adeus?
De dar um último abraço,
De dar o último aperto de mão,

De dizer obrigado?
Se não der tempo, me diz?
Não viva depois!
Faça hoje.
Viva hoje.
Seja hoje.
Sinta o quanto a vida é intensa
E busque vivê-la de tal modo.

A tua chegada

Surges em mim como uma
Nascente de água cristalina
Num dia belo ao som das
Aves que voam nas colinas.

Porque tu te achegas, meu
Mundo se torna mais bonito.
E livre sou eu, dançando
A valsa na pista do infinito.

Exatidão

De frente ao mar,
A exatidão me cinge a mente:
Da hora, do minuto, do segundo,
Do ar soprando contra o meu corpo
Imóvel e cansado;
Do horizonte sem sentido
Que me dói no olhar.

Sinto a ausência fria da companhia
E a presença imprópria da certeza
Da distância pungente.
Estou diante de tanta beleza,
Mas só a vejo pálida e descontente.

Essa exatidão do agora é inexorável
E me atinge cruelmente
Como um choque quase mortal.
A exatidão do hoje
Me faz mal.

Outra forma de amar

Olhei teu sorriso, o dançar do teu corpo,
Cuja beleza me esquentava as artérias,
E vi-te cruzar — como por necessidade
Aos meus olhos e à minha matéria.

Mas do sorriso revelou-se o fingir
Da outrora rijeza da tua vida sofrida.
Mesmo feliz como tu eras se movendo
Ali, notei a dor que tinhas escondida.

Eu te quis tão logo sem temor.
Não pela dor, não pelo descontentamento,
Mas por te amar no tal instante
Do sorriso ao sofrimento.

A culpa

A quem culpar pelas lágrimas
Em que me lavo?
Quem, pela incúria,
Me fez, de são, tão parvo?
Eu mesmo, quem sabe, tenha sido
Que parei de lutar
E me dei por vencido.

O talvez é menos doído

Talvez tenhas pensado que eu não morria;
Que, diante das decepções,
Meu coração não se contorcia.

Prefiro ainda pensar que pisaste
Com muita impetuosidade
No breque da certeza do que sentias,
Ou que me deixaste plantado
Na esquina da vida
Por um erro mecânico, uma avaria.

Talvez tenha sido culpa do tempo mesmo
Que correu mais rápido do que devia,
Ou, quem sabe, foi por causa da via,
Por onde tu tentaste seguir,
Que nunca chegaste a mim.

Se não foi nada disso,
Prefiro pensar que foi
— é menos doído.

Conexão

O que conecta você hoje a uma coisa boa,
A uma energia vibrante, a uma lembrança marcante
E a um momento de pureza e paz?
De que modo você está ligado à vida hoje?
— E não me refiro a qualquer uma,
Mas a das coisas importantes.
O que liga você à crença de que
Ainda pode ir mais adiante?
— Transcender, sobressaltar, exceder.
O que conecta você hoje a um contentamento:
Um amor verdadeiro, um sorriso ou um abraço
Que fez você sorrir muito?
O que conecta você hoje a uma lembrança engraçada:
De um tropeço, de um gesto, de uma conversa?

Estamos sempre conectados à vida, ao mundo,
Às pessoas, com as lembranças...
Em algumas dessas conexões
Vivenciamos fatos ruins: ferimo-nos,
Perdemo-nos, caímos e ficamos para trás.
Mas os fios estão diante de você.
Uma hora você está conectado a algo bonito,
E em outra a conexão não faz sentido.

Os fios que ligam você a tudo isso
Precisam de manutenção,
Reparo, reconexão
E, às vezes, pequenos desligamentos.
Você é quem toma a decisão!
Você decide:
Fica conectado ao que lhe faz mal,
Ou somente ao que lhe faz bem.
Reveja os fios.

.

Beba-me

Achega-te aqui, pois tens sede.
Apressa-te a pedir água em mim.
Sou a casinha de barro
Na tua estrada nesse tempo ruim.

Arria-te inteira no meu terreiro
Para me beberes sem desatino.
Sorte é teres vindo à casa
Que construí no teu destino.

Tenha cuidado: eu amo

Não te achegues muito à toa
Se não tiveres domínio de si.
Não te aproximes bruscamente
Sem considerar um perigo aqui.

Já aviso antes
Para não te iludires:
Eu amo.

Coração de menino

No meu tempo de menino,
Ouvia a minha mãe gritar:
— Não corre, vem pra cá!
Mas eu corria e não ia.

Neguei pouco mais tarde
Abraços que vinha me dar.
Pus-me, tolo, a acreditar
Que eu já era crescido.

Hoje não ouço a sua voz
Por esse mundo ecoar.
Eu só queria correr até lá
E abraçá-la sem medo;

Buscar aqueles abraços
Que não pude aproveitar,
E então poder lhe contar:
— Ainda sou um menino.

Coração em off

Por hora, estou me ausentando
Das paixões corrosivas, dos beijos frívolos
E das declarações aparentes.

Preciso me desfazer das emoções problemáticas
Que me jogam para lugares
Que depois tenho dificuldade para voltar.

Doravante serei uma constante onda irrequieta,
Afundando barquinhos que querem
Me desbravar sem cuidados.

Não me procurem! Não percam tempo
Com palavras bonitas e com olhares comuns
Mirando o meu,
Porque não tem nada para encontrar agora em mim.

Estou desligado.

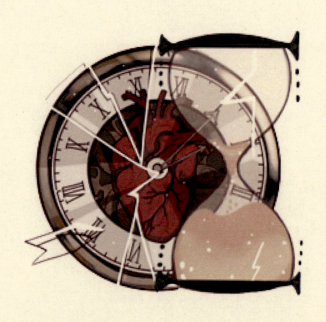

Cópias

Esses gestos amorosos,
Esses sorrisos graciosos
São cópias:
De outros movimentos,
De outras alegrias.

Essas palavras formosas,
Essas declarações suntuosas
São cópias:
De outros textos,
De outras emoções.

Esse olhar gracioso,
Essa verdade cuidadosa
São cópias:
De outros olhos,
De outras mentiras.

Esse abraço carinhoso,
Esse beijo desejoso
São cópias:
De outros corpos,
De outras bocas.

E meu coração cansou-se
De viver de cópias,
De provar o casual
— Só aceita a quem me ama
De forma original.

Eu não te quero para mim

Querer-te? Não te quero para mim,
Pois não te quero perder um dia.
Eu sou pequeno, desencontrado,
Um homem de pouca valia...

E não te quero para ter-te toda
Como quem a toma por poder,
Como quem torna um desejo
Um simples fato de ter.

Quero-te como o sol que ilumina
Meus campos após o inverno,
Como a canção que me acalma
Com um amor puro e terno.

Quero-te não para ser apenas minha,
Para ter o abraço e o beijo alcançado.
Quero que sejas minha tarde branda,
Deixando o meu céu todo azulado.

Não... não te quero completamente,
Pois eu seria um pobre coitado...

Tendo tão pouco do que possuis,
Vivendo tão pouco do que és a mim.
Se te quero, quero-te por toda a vida
Como sorte — o meu tudo sem fim.

Um ser errado

Nunca quis estar sempre certo
— Ainda que eu esteja em alguns momentos.
Tomo parte na minha razão,
Exijo a permissividade da minha certeza
E não abro mão dos meus princípios...

Mas não sou condescendente
Com as razões que precisam ser ouvidas.
Tenho fome de respostas alheias
Que saciam o meu ser miserável,
Por vezes, engasgado com a arrogância.

Estou errado a maior parte do tempo,
Porque estar sempre certo
É cansativo e desnecessário.
Sinto-me livre nas verdades que ouço.
Os outros precisam estar certos também.
Afinal, eu nem sei de quase nada mesmo.

A vida não tem fórmula

Estou a fugir das vãs fórmulas
Que me querem ser
Uma resposta imediata,
Definitiva e assegurada
De como devo viver.

Fujo das amarras do comodismo
Que querem me jogar às certezas
E às mentiras da facilidade,
Porque, na verdade,
A vida é dureza.

Estou a fugir. E fujo para longe
De todo e qualquer anseio
De folgar a mente em ilusões,
Para esquecer das emoções
E viver no devaneio.

Fujo das vontades contínuas
Por um mundo padrão.
Imprevisível é o meu caminho
Em que me vou sozinho
Seguindo na escuridão.

Aprendi logo tão cedo
Que viver, de fato, é para quem
Não perde tempo se iludindo,
E, chorando ou rindo,
Segue sempre na vida que tem.

Pedra bruta

Se antes não reparaste,
Hoje não adianta mais reparar.
O que não descobriste em mim
Declinou-se num abismo sem fim
E não podes mais encontrar.

Sou agora para ti
Um cenário de ausência,
De falta, de indigência
Sem nenhuma solução.

Não perca teu tempo chorando
Como se arrependimento curasse,
Porque não sobrou sequer
Um pedaço do ser
Que a ti seria, se me amasse.

Eu sou uma sobra de amor
Que à sobrevivência labuta,
Uma pedra ainda bruta
Que não se lapidou.

Mas sendo ríspido como eu sou
Carregando no peito a dor,
Sei agora, por fim,
Que nunca terás de mim
Um pingo do meu amor.

Prefiro seguir sozinho.

A moça na janela

Vestido azul.
Noite.
Luar.
Janela.
Sorriso.
Olhar.

Brisa suave.
Silêncio.
Sonho.
Beijo.
Espera.
Reencontro.

Náufrago

Venho te ocupar as baías,
Aportar no teu litoral
Como um ser à deriva
Perdido no teu sal.

Sob a luz do farol que me és
Vejo a vida, não me confundo:
— Tua alma é minha terra,
Teu corpo é meu mundo.

Um repouso tranquilo

Dá-me um repouso, Deus,
Quando for a minha hora,
Livre do peso do mundo
Que eu carreguei lá fora.

Alegra-me com teu carinho
E abraça-me antes da ida.
Deixa-me provar também
O gosto que tem tua vida.

Eu não fui santo, nem quis.
Não por minhas rebeldias...
Tive que ser farto de mim,
Porque mais nada eu teria.

Se fui egoísta, peço perdão.
E liberta-me tu, que és livre,
Para eu saber que fiz certo
Crer em ti na vida que tive.

Entrelinhas

Ao mundo dou minha ausência:
Vou partir sem hesitar.
Não para as montanhas
— Nem para outro lugar.

Estou indo para mim mesmo
Nas entrelinhas da vida ausente,
Que a dor não conhece
E só o amor entende.

Cuide quem quiser da carcaça
Que deixo por aí vagando.
Quem sabe alguém a veja
E acabe me interpretando.

O passeio na lua

Sonhando eu viajo na noite pura e livre,
Afeita no vento que sopra o ar sereno.
E, subindo às estrelas do céu tão ameno,
Eu sinto saudade dos amigos que tive.

E, cá no céu, a brisa que vem percorrendo
À minh'alma transporta um vivo recordar.
Oh, como eu queria que me vissem passar!
Acenando, sorrindo, descalço e correndo.

Mas a vida é pesar das ausências sofridas
Ardendo no peito no teor da saudade
Que se faz, da presença, maldosa partida.

Então, despedir-se faz parte desse plano
E é com alma saudosa, assim mesmo chorando,
Que nos lembramos das coisas lindas da vida.

A dor de cada um

Deixa-me ficar quieto,
Tímido à luz do luar.
E que as horas lá fora
Não me vejam cá.

Deixa-me crepitar
Na haste da vida
Ausente de flores
À terra caídas.

Se é tristeza, se é dor
Não me posso ausentar.
Preciso estar presente
Para vivenciar.

Cada um tem no coração
O que precisa chorar.

Vidas

Eu sou parte de muitas vidas:
Da que dou ajuda;
Da que busco socorro;
Da que fico, da que corro;
Da que vivo, da que morro.

Vivo-as conforme a necessidade:
Às vezes, andando,
Às vezes, correndo;
Às vezes, sorrindo,
Às vezes, sofrendo.

Se me encontram hoje
Amanhã nada se dá a repetir.
Quem quiser que me ame agora
Porque, depois, eu morri.

E das muitas vidas que tenho
Confusas e, às vezes, sem valor
Vou guardando as melhores,
Todas elas ao meu amor.

Disfarce

O nosso coração é um sofredor
Que, em face da dor,
Mostra-se a sorrir.

Do amor que o feriu, faz-se fingido
E, mesmo ferido,
Não deixa de amar.

Cuide bem do seu coração
E, se puder, diga não
A uma nova ferida.

Cúmplices

A dureza da forma como me tens
É quase uma cena de crime real:
Um vassalo sem voz, servindo o banal
Amor ilusório que não me faz bem.

Eu, mesmo sofrendo, me sirvo calado
Às ordens, rendido do teu poder vão
A força que me deixa na rendição,
Amando-te amiúde sem ser amado.

E como fugir desse amor e do engano?
Se me sirvo é porque não tenho razão,
Minh'alma é escrava da tua prisão.

E arando essas terras do amor suserano
Que a vida me deixou e não me redime:
Se quero vivê-lo, também é meu crime.

Voa, pensamento!

Vejo o pássaro azul
Que lá no céu passa,
E, às vezes, incorro-me
Tentando abrir as asas.

E eu sou um pássaro
Em outro céu a voar,
Menos impossível
De se alcançar.

O desarme

Era para ter sido um momento de firmeza,
De demonstração de segurança,
E, quem sabe, de autoridade.
Mas titubeei.
Isso... Eu hesitei.

Meu coração enganou-se do poder que tinha
No lance da ocasião.
Foi emoção demais.
Perdi o jeito, o galanteio,
A perícia [que se revelou tão frágil em mim].

O teu sorriso me desarmou.
Foi a primeira vez que eu soube de fato
O que era amar de verdade.

O óbvio é para poucos

Quando me falas:
— Não consigo entender o teu amor.
É porque não me amas.
Quem ama compreende
Sem esforços o que é óbvio.

O mestre

Eu sou a ínfima manhã dos desorientados,
A rara sorte dos rejeitados;
Eu sou a dor dos que sofrem calados,
O dia duro dos condenados.

Eu sou o silêncio agressivo dos maltratados,
A voz retida dos menosprezados;
Eu sou a estranheza dos sujos e cansados,
A vida dos que foram assassinados.

Eu sou...
Sou o olhar perdido,
O coração ferido,
A presença reles;
O objeto,
A cobaia,
O incorreto...
O sorriso que não sobra para mais tarde,
A fome que não sacia com o pão;
O abraço que não encontra ocasião,
A injustiça que veste a um e a outro não.

Mas sou...
Um olhar, um coração, uma alma
Que veem o mundo de verdade.

Falso amor

Disseste-me que teu amor era forte,
Combatente intrépido
E que, na guerra, se aligeirava
A cumprir a glória.
Mas, da batalha, vacilaste no apogeu
Como quem nunca tivera lutado.
E aqui, em mim, te encerras:

— Não é amor esse amor
Que vacila na primeira guerra.

Um sono profundo

Sinto aqui o tempo ligeiro,
Cruel ceifeiro
Da alma em mim.
E eu, no terreiro, correndo [menino],
Cansado me deito
E acordo sozinho.

Muda-se tudo sem permissão,
Só abro os meus olhos
Em outra estação.

Aonde esse tempo o menino levou?
Sobrou-me tão pouco:
Tudo mudou.
E aquele terreiro de outrora não há.
Dormi sem saber
Que iria acordar
Sem quem tanto foi naqueles lugares,
Amores e vidas
De muitos luares.

Oh, Deus! Não permita que esse menino
Morra sozinho naquele terreiro.
Não deixe que o tempo me traga o fim
Das coisas que guardo
Marcadas em mim.

Almas inseparáveis

A minha alma está dissolvida à tua.
Sou como a água ao rio que és,
Banhando as tuas praias,
Embalando os teus batéis.

Somos como a equação
Que resulta, do destino,
No amor infinito:
Se tu ficas, eu fico.
Se tu corres, eu corro.
Se tu vives, eu vivo.
Se tu morres, eu morro.

Prefiro, portanto, qualquer vida
E qualquer morte,
Que me complete
Ou me recorte,
Se for ao teu lado.

Nunca pare

Não desista se, pelo caminho,
Você se fragmentar.
Repense! É assim que se aprende
Que olhando para frente
Conseguimos nos remontar.
Remonte-se!

Não desista se, algumas vezes,
Você se desanimar.
Coragem! Não é preciso viver
Todo dia querendo ser
Como ondas do mar.
Descanse-se!

Não desista se acaso perder
O poder de sonhar.
Calma! Reveja que a vida
É sempre ponto de partida
Para recomeçar.
Ressonhe-se!

Não desista se, no percurso,
Você se prantear.
Reflita! Todo choro derramado
Promete um aprendizado
Que nos faz melhorar.
Melhore-se!

Não se desespere diante a vida.
Pare de reclamar.
Agradeça! Porque é sempre você
Quem deve fazer
A vida continuar.

Fatalidade

Meu todo é indigesto,
É amargo e, às vezes,
Ácido e cáustico descomunal
À tua alma intestinal.

É fato o inconcebível retrato
Que se expõe de mim.
— Uma arte excedente na tela
Desse pequeno mundo,
A qual nunca vais entender.

Se me bebes, é de muita
Ou, talvez, louca coragem
Tua que, movido de emoção,
Escolhe o definhamento
Por um momento de realização.

Se buscas me compreender,
Cavas, então, a tua sepultura
No fado da ilusão.
E te sobrará, na verdade,
Somente o choro da indigestão.
Eu sou fatal.

Excessos de ausências

Às vezes, por causa da correria,
Não percebo que, mesmo tão cheia,
Estou sempre vazia.

Algumas coisas me faltam numa
Proporção exagerada,
Que até chega a ser dor
A vida que me foi dada.

Queria ser questionada.
Estar diante de preocupações diversas;
Receber afagos em dias de dureza
E sorrir com boas conversas.

Mas, na falta disso, corro.
Vou para lá e para cá
Num movimento constante.
É que, se paro,
A vida me dói a todo instante.

E é assim todos os dias:
Estou sempre cheia
Mesmo vazia.

Desligue a câmera

Desligue, mas não se desligue!
O show da vida é agora.
Se der tempo,
Para de perder tempo
Filmando-a acontecer no palco:
Viva o momento!
Esse é o plano.

Insuportável silêncio

Em certas ocasiões,
O silêncio é tão ineficaz.
Não é útil a quase nada:
Nem para a paz,
Nem para a concentração.
Nem para a fuga,
Nem para a inspiração.
Nem para a busca,
Nem para a solução.

É só um silêncio
Triste e inquieto na alma,
Que parece gritar por socorro
Mais do que o mundo lá fora.
Esse é o pior de todos.

Se tu soubesses

Ah, se tu soubesses o quanto te amo!
Que também te desejo aqui por perto;
Ah, se tu soubesses o quão liberto
Na vida me sinto [qu'em ti me exclamo].

Ah, se tu soubesses quanta emoção
Tu causas à minha alma relutante!
E se tu soubesses que a cada instante
Tu alegras inteiro meu coração.

Ah, se tu soubesses também — oh, sim!
Que sem ti sou tão somente meu vão
Seguindo toda desordem sem fim,

Saberias que, no meu coração,
O meu amor está sempre a acenar
Esperando que possas m'enxergar.

Necessidades

Eu tenho necessidades absurdas,
As quais, apesar do teu esforço,
Nunca hás de supri-las.

Não por tua incapacidade física,
Nem por tua insuficiência amorosa,
Nem pelas proporções das exigências.
Trata-se do desagrado infindável
Da minha altivez,
A qual não me é permitido controlar;
Da tênue agradabilidade
Que sempre se cansa em mim
— Mesmo diante do maior amor.

É por causa do dissabor eterno de tudo.
Por causa da natureza do meu ser
Que varia à necessidade do viver.

Por causa do movimento imprevisível
Dos ares do meu entendimento,
Que ora sopram, ora cessam
Sem avisamento;
Por causa do meu coração exigente
De onde não te posso poupar,
Do que eternamente será em mim
Necessidade.

Coração cansado

Estou cansado
Das cenas diárias se repetindo lá fora,
Enquanto as olho do alpendre
Solitário da minha alma:
— Apenas movimentos confusos.
Estou cansado
Dos sentimentos que surgem
No meu coração indefeso
E se tornam evasivos aos sonhos
Que, duvidosos, passam a ser mais tarde.
Estou cansado...
Da natureza inegável de amar e amar,
Mesmo quando sou atingido
Por aquilo que não me toca como devia.
Estou cansado...
Da espera que, de outros, há em mim,
Mesmo quando percebo
Quão pouco me esperam.
Estou cansado
Não exatamente da vida nem do mundo,
Mas do que há no meu coração
E não entendo mais.
Cansaço...é o que sinto.

Coração desordenado

Não me há regra ocasionada à alma,
Porque sou livre, ainda que necessitado.
Não há ordens vãs a cumprir:
Meu coração é desordenado.

Se fico, se vou, se quero ou se nego,
Nada tem a ver com a dependência
Que me prende às coisas da terra
À luz da ilusória permanência.

Sou um danado! Sedento por viver.
Por isso, estou sempre em movimento,
Fugindo das coisas que me querem
Para si em total confinamento.

Verdadeiro amor

Prenhe de amor me vejo,
Sorrindo na manhã serena
No banquinho do meu coração.
A leveza me alegra replena
De paz e de comoção.

Se é assim o amor, tão calmo,
Tão puro, deveras agradável,
Não quero mais a escuridão.
Dispenso o lado execrável
Da noite e da ilusão.

E se for possível, anseio ficar
Acordado por toda a vida
Nessa infinita ocasião:
De frente para o amor
Na manhã do meu coração.

Voe para a felicidade

Prometa-se que não vai chorar sempre
Por coisas frívolas e passageiras.
Prometa-se que não vai procurar no lixo
Do vício e da asneira
Alimentos à alma a sua vida inteira.

Você é como um pássaro livre
Seguindo o horizonte infindo.
Lembre-se disso!

Abra as suas asas para a liberdade,
E alce voo para além,
Porque o sofrimento existe,
Mas a felicidade também.
Voe para ela!

Amar e amar sempre

Ó minh'alma, descansai agora
No estreme alento do amor
Que te tomar quer para si
Do ascoso cárcere da dor.

Não vos negais a vivê-lo amiúde,
Pois, exaurido, é o fato do ser que sou,
Calejando nos beirais da esperança,
Da funesta vida que me sobrou.

Dispensai o desdenho, o medo,
Cuja dureza nos faz duvidar.
Esquecei a solidão no passado
Porque ainda podemos amar.

A doce menina

Singela casinha, sem número.
De frente para o mar,
Cidade antiga
Banhada de Luar.

Puxando a cortina,
A doce Marina
Põe-se a sonhar.

Da janela, um sorriso.
Do sorriso, um sentimento.
Sonha, menina!
Sonhar é fermento
Do amor e da vida.

Bela menina, doce Marina!
Na noite tranquila
De frente ao mar
Sorria e sorria
A sonhar.

Trocas absurdas

Já troquei meu ódio por sorrisos
E silêncios aflitos por gentileza.
Já suportei abraço mordaz
Por necessidade de paz
E potencial de perdas
De grandes amores.

Já troquei meu amor
Por migalhas do bem querer.
Já me fingi de satisfeito
Para evitar, ao vilão, o sofrer.
Já engoli verdades reprováveis
Por segunda chance.

Já troquei até eternidades
Por um pouco de estar junto — um lance.

Esmoleiro é o que sou na vida.
Carrego as tralhas do mundo bárbaro,
Dos sentimentos vazios;
Das pessoas cuja proximidade
É um choque de solidão.

Sou um leque de trocas,
Todas elas absurdas.

Soneto da entrega

Entenda: se te amo demais, meu bem,
Não me sobra à vida qualquer paixão.
Sou inteiro amante do que tu tens,
Sendo ao mundo só profunda extinção.

É nesse amor que me sustento sim,
Embora eu saiba da condenação.
Se me é castigo amar-te toda assim
Que seja: não sei amar em porção.

Ouça, meu bem, que te quero dizer:
Quem ama tem a vida castigada
E, se me ama, também sabes por quê.

É por isso, minha bela amada,
Que não me importa tamanho absurdo,
Sendo ao mundo nada e a ti sendo tudo.

Na estação da vida

Para longe me vou de planos baldios,
Buscando a felicidade na calmaria.
Remanso serei a partir desse dia
— Calmo como o mar
Pós-ventania.

Que a vida me traga, meu bem,
A paz impassível das nuvens no céu.

Para que tanta pressa?
Na estação dessa vida
Espero ansioso
Pela luz da alegria.

Aguardo uma vida linda e repleta
De amores; sempre seleta
De flores do campo da paz.
Eis, pois, o que busco de verdade:
Uma vida tranquila
Sem tempestades.

Deslocamento

Viragem
Sou eu.

Embalo-me no som que retine
Em ondas no tempo,
Indo para o acaso.

Mudança
É o que sou.

Nada me reúne num só lugar:
Nem a pureza da realização,
Nem a solidez do fato,
Nem o prazer sensitivo,
Nenhum contrato.

Eu sou, e sou porque sou,
Viragem,
Nada mais.

Encenação

Desses sorrisos que de mim clareia,
Que feliz abro ao longo do meu dia,
Existem as tempestades de areia
Movendo-se na minha alma vazia.

O chão seco que me arde o coração
Tão farto se estende infinitamente,
E quem me vê só sorrir de contente
Não entende toda minha aflição.

Mas a vida é assim — puro teatro
Para as coisas que temos e sentimos,
De tudo o que somos e possuímos.

E nós seguimos fazendo espetáculos,
Esperando que num dia, quem sabe,
A vida seja, de fato, verdade.

Sobretudo nada

Nada...
Sobretudo nada.
Nada tenho aprendido como queria;
Nada tenho recebido como esperado;
Nada tenho vivido como planejado;
Nada tenho entregado como devia.

Nada! O profuso nada que me há
Do que eu queria e não tive,
Do que eu jogaria, mas mantive,
Do que em mim morre
E depois revive [incerteza]
É infinito.

Nada! Somente um nada destacado
À fronte do meu ser absurdo,
Vivente da escassez de tudo
E mais nada.

A procura

Remexi nas horas perdidas
Dos dias e tempos passados,
No horizonte do pensamento
De alguns gestos marcados.

Procurei nas esquinas escuras
Das noites frias do descuido,
Com medo de que estivesses lá
Por causa do destino fortuito.

Busquei na solidão dos portos
Um ser ausente ali vagando,
Dum sorriso maior do que a dor
Que o mar estivesse olhando.

Mas toda essa busca foi nula
E só percebi já lá no fim,
Que, de tão descuidado que sou,
Tu sempre estiveste em mim.

Meu cantar à vida

Canto e canto feliz!
Canto à vida em meio à armada,
Canto à vida pelo beijo da amada.
Canto!

E canto mais ainda,
Quando a vida resolve se acalmar,
Pelo puro prazer de cantar.

Canto porque vivo a sonhar
Com a paz do vento a soprar
O meu ser sem guerra.
Canto, canto e canto!
Essa é minha regra do viver:
Mais triste seria a vida
Com o meu emudecer.

Noite tranquila

Estou tranquilo nesta noite
Amparado por tua imagem,
Movendo-se nitidamente
Sem um tom de miragem.

Há um som de chuva aqui
Soando no meu coração.
E parece que me chovo
Mergulhado na solidão...

Mas não. Não é tristeza,
Não é saudade...
Apenas amenidade
Do que sinto,
Do que vejo,
Do que sou,
Do que és a mim:
Um alinhamento do meu ser
À vida e ao mundo.

Dias obscuros

Às vezes, recolho-me rapidamente
Para o meu lugar de solidão.
Não vejo luz lá fora,
Não sinto cá emoção
— Nem todo dia é dia.
Hoje me foi escuridão.

Dimensão

Tu querias provar-me por inteiro
Como quem, na fome, a gula sente,
E mais tarde quiseste preencher
Todo o espaço da minha mente.

Talvez por um amor muito intenso
Ou por uma tolice que há em ti,
Quiseste, tu, provar que sabias
Me controlar e me possuir.

Não reparaste com muito afinco
Que sou assustosa dimensão,
E tu, talvez, sequer chegaste
A tocar de leve meu coração.

Últimas palavras

Suponho que não será possível
Ouvir todas as minhas últimas palavras
Pouco antes de eu morrer...
Algumas delas já foram ditas
E estão silenciosa e necessariamente
Gravadas como uma mancha
No coração de quem as ouviu.

O que se ouvirá de mim, se é que ouvirão,
Serão apenas os murmúrios de uma despedida,
Como a fina areia da ampulheta do meu tempo,
Derramando-se ao fim,
Enquanto sigo a uma razão desconhecida.
Não haverá tempo para quase nada
E ninguém ouvirá mais do que sons confusos.
Nada do que me for dito será tão importante,
Porque as palavras são como sementes
Que precisam de um tempo para germinarem na alma.
Elas não crescem simplesmente no momento final.
Falei que amei, ouvi que fui amado bem antes.

É por essa razão que digo hoje
Aquilo que precisa ser dito — inclusive palavras finais.
Antes que mais tarde eu não possa
Dizer absolutamente nada.

A correria da vida

Nós estamos sempre na correria,
Porque, talvez, a vida seja isso mesmo:
Uma corrida contínua.
Quando nos deitamos,
Quando repousamos na cama
Para revigorar nossas energias,
A nossa mente e o nosso coração
Continuam maquinando infinitamente
Por causa das preocupações,
Dos desejos de realizar nossos projetos
E por causa do que não pudemos fazer
Ao longo do dia.

Talvez nunca paremos de correr,
De sentir nossas engrenagens trabalhando
Mesmo quando não queremos.
Acho que se pararmos
Enferrujaremos no tempo
Como velhas engrenagens corroídas.
Decompor-nos-emos nas coisas
Que acreditamos e pelas quais lutamos
Se pararmos de vez.

Quando chegas

Do perene horizonte sinto
Que tu chegas, trazida no vento
— Que sopra devagar.
É assim que, nesta vida,
Tu vens me visitar.

Eis-me triste por causa do abraço
Que eu não te posso dar.
Comovo-me, porém, do acalento
Que consegues me deixar.

Então, após a luz se apagar,
Deito e durmo a sonhar.

Porque te conheci

Conhecer-te foi meu resgate
Das fúteis apreciações,
Das ternuras e das emoções
Com as quais me nutria.

Lamento tu não teres vindo
Antes e urgentemente
Mostrar que a vida é diferente
Ao lado de quem se ama.

Contigo tudo é mais agradável.
A natureza é mais bonita
E tudo na minha vida
Encontra uma razão de ser.

Lamento mais ainda, te digo,
Ter-te amado tão mais tarde,
Pois o tempo é um covarde
Que não repõe nada perdido.

Âncora no tempo

Com a vida ancorada no tempo,
Sou-me um eterno desfazer
Que para as horas vai se perdendo
Como um drama do desquerer.

Degrado-me preso ao fato
Do meu ato de ser.
Sou prisioneiro entre outros
Que vão falindo até morrer.

Efêmera, como uma breve sombra
Da nuvem que me engraça,
É a vida ancorada no tempo.
É a vida que apenas passa.

Olhe lá fora...

Olhe lá fora!
Olhe o mundo a sorrir.
Veja como é a vida
Dos que não são cheios de si.

Oh, se todos a olhassem um dia!
Seria outra história — eu sei.

Tarde demais

Tarde me chegou
O cuidado que vem de ti.
Quando chegaste,
Eu já tinha que partir.

Amar antes de ir

Peço aos seres viventes
Aspirando-me a maldade,
Que me esperem provar da vida
Essa última tranquilidade.

Meu coração está festejante
Como se não conhecesse da vida
A força da crueldade
— Nem a dor da partida.

Esperem que eu prove o amor
Que nunca pude provar.
Então, mais tarde, sem hesitar
Podem me levar.

Apenas esperem que eu prove
O sabor de amar.

Os olhos do coração

Um coração que nos ama
Nunca nos perderá de vista.
Qualquer lugar,
Qualquer momento
Será sempre um...
"aqui comigo".

Alinear

Se quero por um momento
Te encontrar,
Perco-me nas desordens
Do teu ser alinear.

Não és ao meu começo
O iniciar,
Às vezes é o fim
Esse teu revelar.

És minha história intangível,
Razão d'eu sonhar.
Enredada só para os poucos
Que te podem amar.

Uma narrativa insopitável
A se contar,
Mistério que meu coração
Sofre a desvendar.

Alinear — diferente de tudo.
E o olhar
Do pobre sujeito que sou
Vive a te admirar.

Esconderijo

É fato que todos nós
Aprendemos a esconder o choro
Debaixo dos nossos sorrisos.

Quantos deles você tem aí escondidos?

Meu tudo

Onde é que eu vou estar
Se não estiver em ti?
Respondo:
— Em lugar nenhum.
Você é meu tudo.

Ligar e desligar

De onde surgem os amores?
Dos acasos?
Dos destinos que se cruzam
Numa tarde de domingo?
Das necessidades
Que a todo ser é inevitável?
Da intimidade?
De onde surgem os amores?
Das trocas dos olhares
Tão apaixonados?
Dos abraços?
Do caos?
Da simplicidade?
Da riqueza?
Da gentileza?
Do encanto e da beleza?
De onde surgem os amores?
Suponho que o amor não é de chegar
De algum lugar como um viajante;
Não aparece subitamente
Como uma magia inexplicável;
Não é criado como criamos
Tantas coisas no mundo.

O amor já existe em nós
Como uma luz que liga e desliga
No momento certo,
Iluminando nosso coração.
O amor é como um candeeiro
A iluminar o caminho
Por onde andamos.
Quem o liga nos liga ao universo
Desconhecido.

As cores da vida

Há vários tons da vida:
As que são coloridas;
As que são confusas;
Como um dia nublado por longas horas.

Que cor tem mais a vida?
O vermelho da excitação
E da intensa paixão?
O verde da esperança que pinta
O destino de quem sofre?
Quem sabe o rosa do amor,
Das histórias e dos romantismos de verão?

A vida tem várias cores.
Pode ser que, para alguns,
Ela só esteja descolorida,
Borrada de tristeza
Que a deixa desprotegida.
Mas todas elas têm cores
E podem ser repintadas.
Acredite!

Que cor tem a vida hoje?
Você escolhe o tom.

Mudança de curso

Sentado à sombra das goiabeiras,
Sentia, das águas, um som de paz.
Não entendia nada da vida
Que muito leva e pouco traz.

Tão simples me parecia ser tudo.
Mas a vida tende sempre a mostrar
Que o destino muda com o tempo
E nos carrega para outro lugar.

Ando agora por outros cursos,
Desconfiado como quem sente
Que nada do hoje se encaixa
No corpo, na alma e na mente.

Abrigo-me em sombras diferentes,
Olhando aflito as águas do mar.
Eu sinto que estou longe de casa
E desejo tanto, tanto voltar.

Soneto do amor real

Oh, tempo! Que a vida não me permita
Cair em delírios de amores vãos
E que, única, me seja a ambição
De te amar sempre até o fim da vida.

E qu'eu não me canse do amor que tens,
Do sorriso, do teu jeito de olhar;
Do abraço, de como tu vens me amar
E da forma como me queres bem.

Que nada na vida seja maior
Do que o amor real que sinto por ti.
E gritando à terra tod'esse amor

Espero que o mundo me possa ouvir,
Pois foi te amando com todo o meu ser
Que fui feliz em todo o meu viver.

Olhe para frente

Pare um pouco de olhar para trás
E de se resguardar para propósitos incertos.
Aproveite que a vida é agora
E viva o que, de fato,
É real.

Dos vários amores

O mesmo amor que nos contenta
É o mesmo que nos atormenta;
O mesmo amor que nos alimenta
É o mesmo que nos desorienta.

Amar é definitivamente loucura,
Pois o mesmo amor que nos fere
É o mesmo que nos cura.

Fraude

Se precisas te remodelares
Para uma história de amor...
Se precisas aceitar condições
Que não te tornam livre
E te roubam o vigor...
É fraude!
Denuncia-te à consciência.

Ser infinito

Não troco a brandura do rio
Por inquietas ondas no mar,
Nem o perfume das flores
Que eu sinto nesse lugar.

Aos meus olhos não brilha
A riqueza que nunca dura:
Que alguns homens já têm
E morrem sempre à procura.

Prefiro viver a verdade singela
E não o sonho mentido.
A riqueza do mundo é pequena
Pra suportar o meu ser infinito.

Infinitos lugares

Meu coração está sempre
Movendo-se — não é de ficar.
Ainda que muitos me "vejam"
No mesmo lugar.

Às vezes, quem me procura
Só sabe me procurar.
Cansa-se o permanente
De tanto não me achar

— Nem todo mundo na vida
Sabe nos encontrar.

O verbo chorar

Chorei à beiro do rio
Onde tu também choravas,
E choramos juntos ali
Por razões igualadas.

Eu chorava por alguém
Que nunca chorou por mim,
E era igual o teu choro:
Eles nunca choraram assim.

Oh, deuses do amor e da paixão!
Se não chorardes tal desatino,
Ensina-nos a não chorar
Outros desses destinos.

Eterno em ti

Mataste-me!
Mas tua ira te fizera esquecer
De que, em morrer,
Meu coração é Osíris.
Remontei-me!
Mas me despedaçaste em mínimos
Como pedra ao ferro
E aos gemidos e berros
Eu, pó, espalhei-me no vento.

E de pó viajante que eu era
Retornei às tuas paredes,
No teu corpo na rede
Em que deitavas.
Impregnei-te!
E, hoje, te sou como a impureza
Escorrendo junto à água
Do banho da tua mágoa
Em que te lavavas em vão.

Eu aprendi a não morrer tão fácil
E toda a tua maldade
Só me fez, na verdade,
Ficar ainda mais.

Quando o Sol renasce no horizonte,
Quando o vento sopra ligeiro,
Ressurjo o dia inteiro
E tens que suportar.
Sou pedaços, sou pó...
　　　　　Eterno em ti.

Não há vida noutro lugar

Será tolice se me pedires que eu vá
Buscar noutros amores que estão por aí
A ternura que reluz desse teu olhar,
A voz que retine tão suave de ti.

Nada tem lá fora que me agrade tanto,
Nem o beijo mais doce, nem a voz sutil;
Nem o olhar envolvente, o cheiro brando,
O carinho doce como água do rio.

Minha vida, meu túmulo só vivem em ti,
Outro fato não quero se não teu ser
Aqui na minha alma que só vive a sorrir.

Lá fora não posso encontrar outro viver
Tão belo como descubro sempre eu cá:
Não há vida, não há vida noutro lugar.

Mortes

Nunca vi quem morresse só nessa vida.
Há sempre outros que, na ocasião,
Morrem também conosco,
Por amor e desolação.

Somos amarrados à vida de alguém
Com linhas de eternidade.
Sofre quem, da vida, parte
E quem não morre de verdade.

Soneto do sonho eterno

Moça bela dos meus sonhos noitais
Fica comigo aqui nessa manhã,
Sê a luz das coisas que me são vãs
Das quais choro em dias infernais.

É que a vida não sorriu para mim
Como tu sorriste ao meu coração:
Prefiro o amor, o sonho, a ilusão
Que a dor da realidade sem fim.

A mim será tão triste a tua ida
Porque sou um ser inútil a sonhar
Sofrendo sozinho o peso da vida.

E se soubesses o que sofro eu cá
Não me farias qualquer despedida
Nem me deixaria a ela acordar.

O próprio veneno

Quero que bebas como bebi teu
Descrédito — líquido corrosivo
No meu peito: veneno tão nocivo
Que mortalmente à minh'alma desceu.

Quero que bebas as culpas que deixaste
Desabrochando aqui nesse jardim
Da minha mente que, só no fim,
Fora podada do que me causaste.

Que bebas tu! E espero ainda ver
Sofreres meia dor do meu destino,
Meia dose de todo o meu sofrer.

E enquanto tu bebes do mesmo vinho
Que eu cante à vida, pois sobrevivi,
De todo o mal que me veio de ti.

Roubo malfeito

Quiseste roubar da fonte
O amor que há em mim,
E depois colher as flores
Qu'enfeitam meu jardim.

Minha água nunca seca,
Minhas flores vão florar.
Mas tu não tens espaço
Para poder me guardar.

Tu és uma sede eterna,
Um chão infértil e duro
Que vive sempre infeliz
No presente, no futuro.

Nada roubas de mim.

Alguém para meu fim

Rezo que haja a mim
Quem cuide do meu fim
Como quem cuida de um jardim
Que suportou os tempos ruins.

Alguém que arade o meu chão
Que esse meu coração
Teve tanta preocupação
De que nada fosse em vão.

E que nasçam novas flores
Novas todas de mim.

Eterno querer

Eu queria ser o mais tarde
Das coisas que cedo morrem,
E o fim prematuro do que
Deveria estar sempre em extinção.
Queria ser a fineza do ridículo
Que muitos veem sem ambição.
Eu queria ser a interrupção
Das despedidas que foram forçadas;
Alguns segundos a mais
Para os beijos não dados.
Eu queria ser uns minutos a mais
Aos que não chegaram no tempo certo,
E queria ser a chave aos justos
Das portas que não foram abertas.
Mas eis-me um ser querente
Do que não pode ser.

Hospedeiro mortal

Descansa em mim a tua infinidade de ser
Como quem rouba o poderio de *ter-se*
Por direito e liberdade.

Descansa em mim a tua calma agressiva
Que me desespera a ter-te logo;
A tua imperdoável criminalidade
Sem culpa que me fere o peito,
Silenciosa e descontroladamente;
Uma paixão incorpórea e tangível
Sem qualquer explicação,
Parasitando-me ao desejo fervente
De ir à luz desluminada
E ao caminho sem direção.

Leva-me aonde queres. Fato!
Eu sou um hospedeiro do ardor
Que tens e vou morrendo em mim
Até viver eternamente à tua vontade.

Sobras

Estou farto de sobras!
Não daquelas que me dão,
Mas das que se inutilizam
No meu ser:
O amor não correspondido,
O beijo não provado,
O abraço negado,
O olhar não devolvido.

Estou farto de tão pouco!
Sobra-me tanto
Que vira entulho.

Uma solução

Às vezes, a melhor forma de resolver um problema
É permanecendo exatamente onde você está:
       Quieto e calado,
Um coração que grita
No momento errado,
     É perigoso.

Resgate

Tens um encanto irrevogável,
Espalhando-se como a luz
Necessária à minha escuridão:
Tudo em mim clareia tal qual um
Dia de sol rompendo a solidão.

Tens a força indescritível
Que me puxa da morte à vida,
Como um ser que no despenhadeiro
Está em infindável caída.

Tens o dom de me salvar.

A visita

Quando forem me visitar lá em casa,
Não me importo se acontecer
De repararem a minha casa simples
E a falta de coisas que não pude ter;

De olharem os defeitos das paredes,
Da instalação que está toda malfeita,
Dos meus móveis ainda antigos
E da porta que nunca se endireita;

De repararem o piso e as luzes,
As cortinas que estão manchadas,
As panelas retorcidas e velhas
E algumas roupas bem usadas.

Não me importo...

Mas nunca ousem se esquecer
De repararem com precisão
Os detalhes da casinha
Que há no meu coração.

É aqui que as melhores visitas
Sempre me encontrarão.